교회에서 사라진 질문을 찾아요

일러두기

- 이 책에 담긴 질문과 답은 〈솔직한 질문, 솔직한 답변〉(www.youtube.com/c/하나복DNA네트워크)에서 한눈에 확인하실 수 있습니다.
- 각 질문에 관한 더 자세한 답은 질문 끝에 실린 참고 도서와 참고 영상에서 만날 수 있습니다.

김형국 글 · 원주영 그림

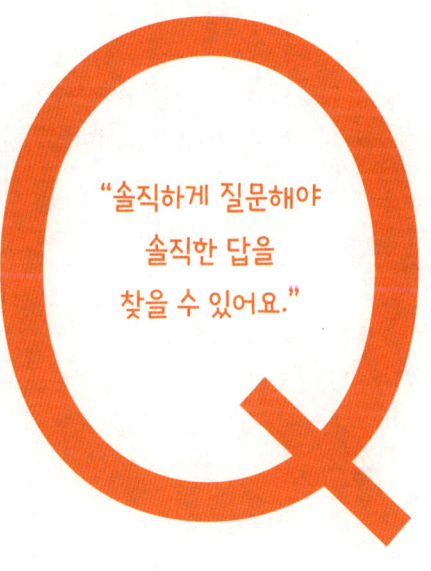

"솔직하게 질문해야
솔직한 답을
찾을 수 있어요."

안녕하세요!

삶에 대해, 자신에 대해, 신에 대해 질문하는 사람을 종종 만납니다. 겉으로는 매일 치열하게, 아니면 허덕이며 살아가는 듯 보여도 사실은 삶과 죽음, 존재 목적, 그리고 이 모든 것의 답이 될지 모르는 신에 관한 질문을 품고 걸어가고 있죠.

안타깝게도 신을 믿는다는 사람들의 맹목적이고 때로는 무책임한, 더 심하게는 잘못된 답변과 자세 때문에 질문을 품고 답을 찾으려 하는 이들(이 책에서는 간단히 '찾는이'라고 부르겠습니다)이 걸려 넘어집니다.

찾는이들이 잘못된 답과 어그러진 태도에 걸려 넘어지지 않기를 바랍니다. 그래서 찾는이들에게서 제가 자주 들었던 질문과 제가 고민하며 찾아낸 답을 이 책에 담았습니다.

각각의 주제를 깊이 이해하려면 몇 시간 강의를 듣거나 책을 읽어야 하고, 어쩌면 책을 몇 권 더 탐독해야 할지 모릅니다. 그런데 찾는이를 만나서 이야기를 나누다 보면, 2-3분 정도의 짧은 팁 또한 때로는 결정적인 도움이 된다는 사실을 발견했습니다.

인생의 이런저런 이해할 수 없는 일들로 인해 오히려 하나님을 만난 원주영 님이 정곡을 찌르는 그림으로 지면을 더욱 풍성하게 만들어 주셨습니다. 이 작은 책이 진실한 질문을 던지고 진실한 답을 찾아 가는 많은 분의 여정에 번뜩이는 안내자가 되기를 바랍니다.

김형국

 차례

0 하나님이 계신가요? 증명할 수 있나요? 12

? 도저히 믿을 수가 없네요

1 성경에 나오는 기적은 믿기 어렵지 않나요? 17
2 성경이라는 책이 과연 신뢰할 만한가요? 24
3 과학과 기독교 신앙은 서로 부딪히기 않나요? 30

? 절대 이해할 수 없는 분이 하나님

4 세상에 가득한 눈물을 왜 하나님은 보고만 있나요? 36
5 하나님 믿어도 똑같이 힘들고 어려운데 교회는 왜 가요? 43
6 하나님같이 선한 분이 왜 지옥을 만드셨을까요? 48
7 하나님은 왜 선악과라는 함정을 만들어서 인간을 죄에 빠뜨렸나요? 55

? 인간은 혼자, 스스로 서야지요

8 착하게 살면 되지, 꼭 하나님을 믿어야 하나요? 62
9 혼자 잘 믿으면 되지, 굳이 여럿이 얽히는 교회를 다녀야 하나요? 69
10 신앙은 결국 약하고 의지할 데 없는 사람들의 도피처 아닌가요? 75

❓ 기독교만 답이라니요

11 기독교에만 구원이 있을까요? 83
12 천주교와 기독교가 다른가요? 88
13 한국 사람이 이스라엘 종교를 믿어야 하나요? 94

❓ 그리스도인은 무례하고 피곤해요

14 왜 그리스도인들은 다른 종교를 무시하죠? 99
15 교회 안 나가는 가족에게 기독교 신앙을 너무 강요해요 104
16 겉 다르고 속 다른 그리스도인이 왜 이리 많죠? 109

❓ 교회는 별나라

17 기독교에는 무슨 교파가 그리도 많나요? 116
18 술하고 담배 끊은 다음에나 교회 갈게요 123
19 그리스도인은 제사도 못 지내요? 128
20 교회는 왜 그렇게 헌금, 헌금 합니까? 134

처음부터 너무 센가요

하나님이 계신가요?
증명할 수 있나요?

가볍게 드리는 첫 질문이에요.
너무 정색하진 마시고요.
하나님이 있다는 걸 증명하면 믿을게요.
무슨 기적 같은 게 아니어도 좋아요.
앞으로 제가 드리는 질문에만 잘 답해 주셔도 좋아요.

사실 하나님의 존재 여부는
증명할 수 있는 것이 아니라,
개인의 신념에 더 가까운 문제입니다.
각자의 선택에 달린 것이고,
이는 개인의 세계관과 준거 틀에 영향을 끼칠 만큼 중요합니다.
계속 이어지는 질문과 답을 통해
"신은 존재한다"라는 신념 체계를
조금 더 자세히 들여다볼 수 있도록
최선을 다해 안내하겠습니다.

하나님이 계시다는 것을 증명할 수 있습니까?

하나님이 계신가요? 증명할 수 있나요?

+ 더 깊이 알고 싶다면

기독교 교양(리처드 포스터 외) 62-66쪽
진리의 기독교(노먼 가이슬러, 프랭크 튜렉) 3-7장
신은 존재하는가(제임스 에머리 화이트)
하나님의 존재 증거(케네스 보아, 로버트 바우만)
존재하는 신(앤터니 플루)
하나님은 존재하는가(김용규)

+ 더 자세히 듣고 싶다면

광대한 우주 속의 의미
김형국

나는 왜 창조주의 존재를 믿는가
김주언

도저히 믿을 수가 없네요

❓ 1 ❓

성경에 나오는 기적은 믿기 어렵지 않나요?

성경은 예수님이 처녀에게서 태어났고,
죽었다가 부활해서 하늘로 솟아 올라갔다고 합니다.
게다가 수많은 병자를 고치고,
물 위를 걷고, 빵 몇 개로 수천 명을 먹였다고 합니다.
지금 같은 시대에 그런 기록을
있는 그대로 믿기는 어렵지 않나요?

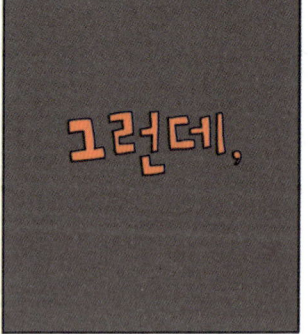

예수와 관련한 모든 기적은
자연법칙을 거스르는데,
그 기적을 일으킨 당사자가 세상의 창조자라면,
적어도 논리적으로는 설명이 가능합니다.
예수는 자신이 이 세상을 만든 하나님이라고 주장했습니다.
그러므로 예수와 관련한 기적이 없었다면 이상하고,
오히려 기적이 일어나는 게 타당하다고 볼 수 있습니다.
그의 기적을 통해 기독교의 주장이 진실인지 아닌지 질문하고,
예수가 정말 하나님인지 아닌지 질문해 볼 수 있으니,
그 기적은 일종의 리트머스시험지입니다.

성경의 기적을 어떻게 믿을 수 있습니까?

성경에 나오는 기적은 믿기 어렵지 않나요?

+ 더 깊이 알고 싶다면

진리의 기독교(노먼 가이슬러, 프랭크 튜렉) 8장
신을 탐하다(에드거 앤드류스) 195-216쪽
기독교를 위한 변론(낸시 피어시 외) 28장
팀 켈러, 하나님을 말하다(팀 켈러) 165-188쪽
예수는 역사다(리 스트로벨)
역사적 예수 논쟁(로버트 M. 프라이스)
베테랑 형사 복음서 난제를 수사하다(J. 워너 월리스)
기적(C. S. 루이스)

+ 더 자세히 듣고 싶다면

부활: 조작인가, 상징인가?
김형국

신약성경에 등장하는 기적들을 어떻게 믿을 수 있는가?
윌리엄 레인 크레이그

도저히 믿을 수가 없네요

❓ 2 ❓

성경이라는 책이 과연 신뢰할 만한가요?

한 사람이 몇 달이나 몇 년에 걸쳐 쓴 책에도
오류가 있기 마련입니다.
그런데 수천 수백 년간의 기록에,
그것도 저자만 50명이 넘고,
기록한 언어도 여럿인 책이 믿을 만할까요?
더군다나 인쇄 기술은커녕 종이도 없던 시대에
말에서 말로 이어진 그런 기록인데요.

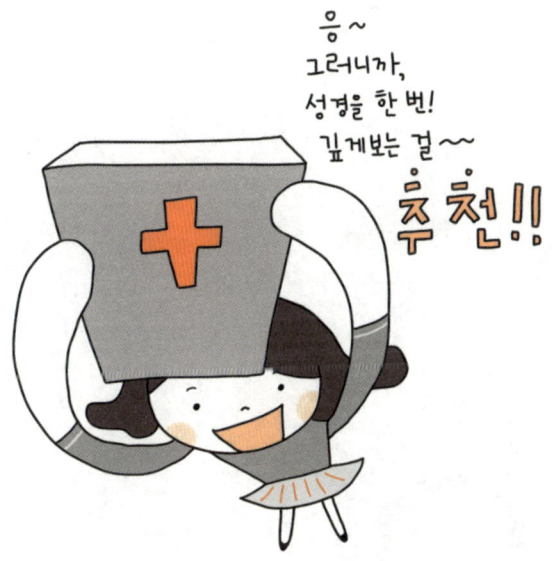

학자들의 연구에 따르면 신약성경은
원본의 98% 수준으로 복원되었다고 합니다.
고대 다른 문헌과 비교했을 때,
이렇게까지 원본에 가깝게 전해지는 문헌은
존재하지 않습니다.
이 정도면 이 고대 문서를 조심스럽고
깊이 있게 살펴보는 게 손해 보는 일은 아닐 것입니다.

성경을 어떻게 신뢰할 수 있습니까?

성경이라는 책이 과연 신뢰할 만한가요?

✚ 더 깊이 알고 싶다면

리 스트로벨의 예수 그리스도(리 스트로벨) 24-121쪽
진리의 기독교(노먼 가이슬러, 프랭크 튜렉) 9-12장
기독교를 위한 변론(낸시 피어시 외) 4부
성경은 믿을 만한가?(제임스 에머리 화이트)
성경 무오성 논쟁(R. 알버트 몰러 외)

✚ 더 자세히 듣고 싶다면

신약성경: 과연 믿을 만한 것인가?
김형국

성경을 도대체 어떻게 신뢰할 수 있는가?
팀 켈러

도저히 믿을 수가 없네요

❓ 3 ❓

과학과 기독교 신앙은
서로 부딪히지 않나요?

중세에는 지구가 아니라
태양이 하늘을 돈다고 주장했었고,
최근에는 진화론을 부정합니다.
이런 기독교 신앙과 과학적 사실이 양립 가능할까요?
둘의 갈등은 언제나 기독교의 후퇴로 이어졌고,
점점 기독교의 자리는 줄어들고 있는 것 아닌가요?

과학과 신앙은 탐구 대상이 다릅니다.
그래서 건강한 긴장 속에서
상호 보완이 가능합니다.
아인슈타인이 말한 "종교가 없는 과학은
절름발이에 지나지 않으며,
과학이 없는 종교는 눈이 먼 것과 다름없다"라는 말을
기억해야 합니다.
과학만으로는 불완전하며,
종교만으로는 실재를 왜곡해서 파악할 수 있습니다.
과학과 종교,
이 두 가지는 인간에게 꼭 필요한 것이므로
오히려 겸손하게 서로의 소리에 귀 기울여야 합니다.

과학과 신앙은 양립할 수 있습니까?

과학과 기독교 신앙은 서로 부딪히지 않나요?

+ 더 깊이 알고 싶다면

특종! 믿음 사건(리 스트로벨) 101-128쪽
창조설계의 비밀(리 스트로벨)
신의 언어(프랜시스 S. 콜린스)
무신론 기자, 크리스천 과학자에게 따지다(우종학)
창조론 연대기(김민석)
과학과 하나님의 존재(칼 W. 가이버슨, 프랜시스 S. 콜린스)
과학은 모든 것을 설명할 수 있을까?(존 레녹스)

+ 더 자세히 듣고 싶다면

창조는 신앙이고, 진화는 과학이잖아요: 창조의 두 날개
송인규·김형국

과학과 종교, 과연 전쟁상태에 있는가?
EBS 다큐프라임 〈신과 다윈의 시대〉

절대 이해할 수 없는 분이 하나님

❓ 4 ❓

세상에 눈물이 가득한데
하나님은 보고만 계신가요?

세상에는 고통이 가득합니다.
힘들고 어려운 사람이 즐비합니다.
그런 사람들을 착취하는 이들도 많습니다.
그런데 왜 하나님은 이런 문제를 외면하나요?
과연 피눈물 흘리는 사람들한테 가서
하나님이 있다고 말할 수 있을까요?

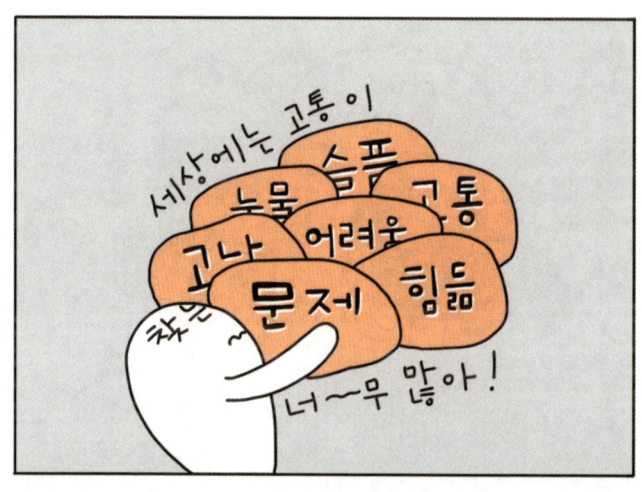

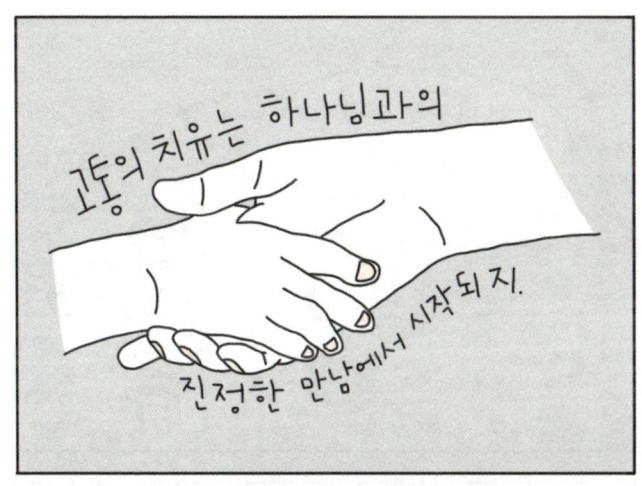
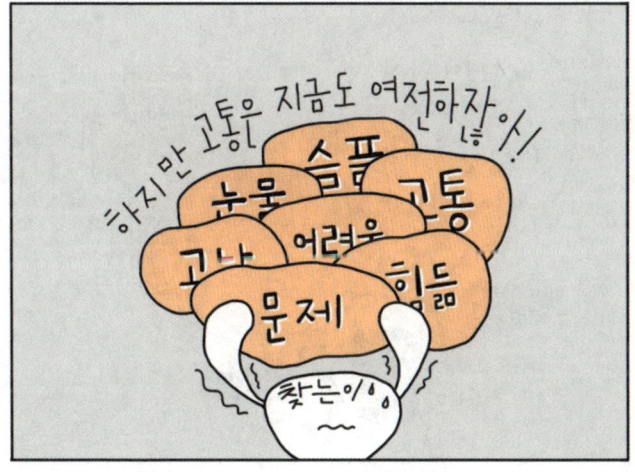

하나님은 예수 그리스도를 이 땅에 보내셔서
고통의 문제를 해결하기 시작하셨습니다.
그리고 예수 그리스도께서 다시 오셔서
완전히 해결할 것이라고 말씀하셨습니다.
이에 대해 진지하게 질문하고 답을 찾아 가는 과정이
기독교 신앙의 본질입니다.

선하신 하나님이 왜 이 땅의 많은 고통을 해결하지 않습니까?

세상에 눈물이 가득한데 하나님은 보고만 계신가요?

+ 더 깊이 알고 싶다면

특종! 믿음 사건(리 스트로벨) 31-65쪽
팀 켈러, 하나님을 말하다(팀 켈러) 59-76쪽
복음주의 변증학(윌리엄 레인 크레이그) 205-245쪽
고통이 주는 교훈(레이 스테드먼)
고통의 문제(C. S. 루이스)
팀 켈러, 고통에 답하다(팀 켈러)

+ 더 자세히 듣고 싶다면

나와 세상은 왜 이 모양인가?
김형국

하나님이 계시다면 어째서 세상에 악과 고통이 존재하는가?
윌리엄 레인 크레이그

절대 이해할 수 없는 분이 하나님

? 5 ?

하나님 믿어도 똑같이 힘들고 어려운데 교회는 왜 가요?

하나님은 선인과 악인에게 똑같이
햇빛과 비를 내리는 분이라고 이야기합니다.
그리스도인이라고 해서
덜 고통받거나 덜 힘든 게 아니라고 합니다.
오히려 더 아프고 어려울 수도 있다고 하네요.
그러면 왜 교회에 가야 하나요?

그리스도인이라고
인생의 고통을 피할 수는 없지요.
하지만 적어도
그 고통의 의미를 바로 볼 수는 있습니다.
그리고 그 고통에 짓눌리지 않고
의연하게 이겨 나갈 수 있다는 소망이
그리스도인에게는 있습니다. 이것이 유익입니다.
기독교는 상처 부위에 반창고만 붙여 주고 마는
얕팍한 종교가 아닙니다.

왜 교회 다니는 사람들이 고난을 겪습니까?

하나님 믿어도 똑같이 힘들고 어려운데 교회는 왜 가요?

✚ 더 깊이 알고 싶다면

기독교 교양(리처드 포스터 외) 170-177쪽
특종! 믿음 사건(리 스트로벨) 189-216쪽
티타임에 나누는 기독교 변증(정성욱) 133-146쪽

✚ 더 자세히 듣고 싶다면

교회가 있어도 세상은 악하고 고통이 가득하잖아!
이지일

왜 신실한 크리스천에게도 나쁜 일이 생기나요?
CBS 〈신학편치〉

절대 이해할 수 없는 분이 하나님

하나님같이 선한 분이
왜 지옥을 만드셨을까요?

하나님은 왜 천국과 지옥을 만들어
사람들을 이쪽저쪽으로 나누나요?
단지 자기 말을 따르지 않는다고 해서
누군가를 지옥에 보내는 분인가요?
너무 자기중심적이고 심지어 폭력적으로 보입니다.
나름 착하게 살아온 멀쩡한 사람을
죄인 만들어 지옥에 보내는 게 기독교인가요?

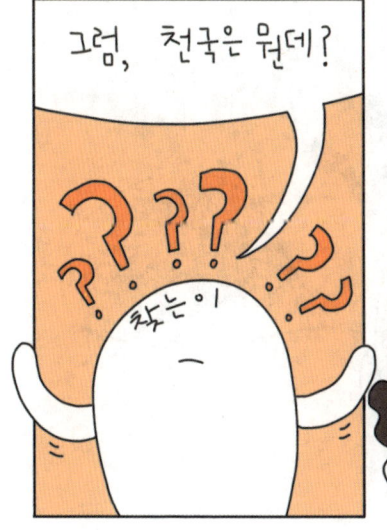

천국은 하나님과 영원히 함께하겠다고
결정한 사람들이 하나님과 함께 지내는 곳이고,
지옥은 하나님을 거절한 사람들이
하나님 없이 영원히 사는 곳입니다.
중요한 것은 하나님과 함께하기를 원하는가입니다.
그 선택은 우리가 살아 있는 동안 하게 됩니다.
하나님께서 자기 마음대로 보내는 게 아닙니다.
천국과 지옥 중 어디 있을지는 각자의 선택입니다.

선하신 하나님이 왜 천국과 지옥을 만들었는가?

하나님같이 선한 분이 왜 지옥을 만드셨을까요?

✚ 더 깊이 알고 싶다면

특종! 믿음 사건(리 스트로벨) 189-216쪽
팀 켈러, 하나님을 말하다(팀 켈러) 123-146쪽
지옥 논쟁(데니 버크 외)

✚ 더 자세히 듣고 싶다면

기독교? 사랑의 하나님이 지옥에 보낸다고?
박종원

선하신 하나님이 어떻게 사람들을 지옥에 보낼 수 있는가?
윌리엄 레인 크레이그

절대 이해할 수 없는 분이 하나님

❓ 7 ❓

하나님은 왜 선악과라는 함정을 만들어서 인간을 죄에 빠뜨렸나요?

선악과가 없었다면
인간이 따서 먹을 일도 없었을 테고,
죄를 짓지도 않았을 텐데요.
그러면 에덴동산에서 추방될 일도,
힘들게 일하거나 출산하는 고통도 없었겠죠.
하나님은 인간이 선악과를 먹을 줄 아셨나요?
그런데도 굳이 선악과를 만드셔야 했나요?

하나님은 인간이 자기 의지로 결단하고
그에 대한 책임을 지는 존재가
되기를 바라셨고,
또 그렇게 지으셨습니다.
그런 인간에게 선악과를 주셨다는 것은
하나님 자신에게 순종하라고 강요하는 대신에
순종을 선택할 수 있는 자유의지를 주신 것입니다.
이는 인간을 향한 하나님의 인격적 사랑의 표현입니다.

하나님은 왜 선악과를 만들어서 죄를 짓게 하셨습니까?

하나님은 왜 선악과라는 함정을 만들어서 인간을 죄에 빠뜨렸나요?

+ 더 깊이 알고 싶다면

티타임에 나누는 기독교 변증(정성욱) 71-80쪽
선악과: 감춰진 은혜(김민정)

+ 더 자세히 듣고 싶다면

솔직한 질문은 솔직한 답변을 가져온다
김형국

하나님은 왜 선악과를 만드셨나요?
CBS 〈신학펀치〉

인간은 혼자, 스스로 서야지요

? 8 ?

착하게 살면 되지, 꼭 하나님을 믿어야 하나요?

그리스도인들은 자신을 죄인이라고 하고,
그것도 모자라 교회 안 다니는 사람까지 죄인 취급을 합니다.
착하고 성실하게 사는 선량한 시민에게
죄책감을 심어서 교회의 존재감을 높입니다.
예수 없이도 착하고 훌륭하게 사는 이들이 얼마나 많은가요?
그런데도 꼭 하나님을 믿어야 하나요?

같은 단어가 성경과
세상에서 다른 의미로 쓰이곤 하는데,
대표적인 예가 '죄'입니다.
세상에서는 지켜야 할 사회 규범이나 도덕을 어기는 게
죄입니다.
대다수 종교에서는 마음속에서 일어나는 일까지 죄라고 합니다.
기독교는 여기서 한 걸음 더 나아갑니다.
하나님이 아닌 다른 것이 주인인 상태를 죄라고 합니다.
기독교 신앙 안에서 다시 이야기하면,
아무리 착하게 산다고 해도
하나님을 모든 것의 주인으로 인정하지 않는다면
죄인일 수밖에 없습니다.

착하게 살면 되지, 왜 꼭 하나님을 믿어야 합니까?

착하게 살면 되지, 꼭 하나님을 믿어야 하나요?

✚ 더 깊이 알고 싶다면

신앙생활 가이드(존 스토트) 23-54쪽
순전한 기독교(C. S. 루이스) 4장
구원이란 무엇인가(김세윤) 11-27쪽
풍성한 삶으로의 초대(김형국) 4장
복음주의 변증학(윌리엄 레인 크레이그) 6장

✚ 더 자세히 듣고 싶다면

솔직한 질문은 솔직한 답변을 가져온다
김형국

착하게만 살면 되지,
꼭 예수라는 한 종교의 창시자를 믿어야 되나?
안환균

인간은 혼자, 스스로 서야지요

? 9 ?

혼자 잘 믿으면 되지, 굳이 여럿이 얽히는 교회를 다녀야 하나요?

하나님만 잘 믿으면 되지,
복잡하고 시끄러운 교회에 꼭 가야 하나요?
오히려 교회에 나갔다가 신앙까지 버리는 사람도 허다합니다.
양자택일하라면 저는 신앙을 선택하고
교회를 포기하겠습니다.

예수 그리스도는 죽고 부활하셔서
하나님의 새로운 백성을 일으키셨습니다.
그들이 모인 공동체가 바로 교회입니다.
그리스도인은 그리스도의 몸 된 교회 공동체 안에서
예수 그리스도를 닮아 가며 자라 갑니다.
교회에 부족한 면이 있더라도,
하나님은 그 교회와 성도들을 사랑하시며
그들을 통해 일하십니다. 이 사실을 기억하십시오.
교회 공동체는 선택의 문제가 아니라
신앙의 본질입니다.

하나님만 믿으면 되지, 왜 꼭 교회에 다녀야 합니까?

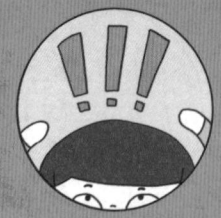

혼자 잘 믿으면 되지, 굳이 여럿이 얽히는 교회를 다녀야 하나요?

+ 더 깊이 알고 싶다면

기독교 교양(리처드 포스터) 253-356쪽
대답할 것을 항상 준비하되(행크 해네그래프) 46-47쪽

+ 더 자세히 듣고 싶다면

지상의 교회는 어차피 완전하지 않아?!
김형국

교회가 맘에 안 들어요(11분 28초)
CBS 〈잘잘법〉 김학철

인간은 혼자, 스스로 서야지요

10

신앙은 결국 약하고 의지할 데 없는 사람들의 도피처 아닌가요?

기독교는 약자들의 종교 아닌가요?
어려움을 겪거나 의지할 곳이 없을 때
사람들은 손쉽게 은신처를 찾습니다.
자기 힘으로 이겨 내지 않고 신에게 의지하는 것은
자칫 비겁해지기 쉬운 미봉책에 불과하지 않나요?

하나님을 심리적 지팡이로 여기거나
단지 마음의 위로를 얻기 위해 찾는다면
분명 한계가 찾아옵니다.
그러나 인생의 고통과 아픔을 통해
자신의 참모습과 한계를 발견하고,
이를 넘어서는 존재를 만날 수 있다면
그보다 의미 있는 일은 없습니다.
인생에서 고통과 아픔은 피할 수 없지만,
어쩌면 반드시 있어야 하는 것이기도 합니다.

신앙이란 결국 약자들의 위안이나 의지의 대상이 아닙니까?

신앙은 결국 약하고 의지할 데 없는 사람들의 도피처 아닌가요?

+ 더 깊이 알고 싶다면

강자와 약자(폴 트루니에)

+ 더 자세히 듣고 싶다면

나와 그 신과 무슨 상관이 있는가?
김형국

기독교는 패배자들의 자기 위로에 불과할까?
다마스커스 TV

기독교만 답이라니요

11
기독교에만 구원이 있을까요?

모든 종교에는 저마다 가치와 의미가 있으니
자기에게 없거나 부족한 가치와 의미를
서로 배우면 좋지 않을까요?
그런데 기독교는 유독 자신만이 길이라고 강조합니다.
기독교에만 구원이 있다고 주장합니다.
산 정상에 오르는 길도 여럿이듯이
진리를 발견하고 거기에 이르는 길도 다양하지 않을까요?
어떻게 기독교에만 그 길이 있다고 말할 수 있을까요?

모든 종교는 구원에 이르는 길을 가르칩니다.
그게 없다면 종교로서의 의미가 사라지겠지요.
불교는 불교대로, 힌두교는 힌두교대로,
이슬람교는 이슬람교대로, 기독교는 기독교대로
"구원의 길은 이것이다"라고 설명합니다.
하지만 어느 종교에나 구원이 있다고 말하기 전에
각 종교의 주장에 먼저 귀를 기울여 보세요.
그다음에 나의 진실한 질문에 가장 적절한 답을
누가 제시하는지 생각해 보고,
그 종교를 통해 정말로 그 답을 얻을 수 있는지
깊이 고민해 봐야 합니다.
이것이 더 정직한 모습이라고 생각합니다.

기독교 외에도 구원이 있습니까?

기독교에만 구원이 있을까요?

+ 더 깊이 알고 싶다면

특종! 믿음 사건(리 스트로벨) 163-187쪽
생명으로 인도하는 다리(알리스터 맥그래스) 211-266쪽
대답할 것을 항상 준비하되(행크 해네그래프) 236-237쪽
기독교를 위한 변론(낸시 피어시 외) 38-39장
티타임에 나누는 기독교 변증(정성욱) 239-255쪽
복음주의 변증학(윌리엄 레인 크레이그) 10장
예수만이 유일한 길인가(제임스 에머리 화이트)

+ 더 자세히 듣고 싶다면

깨달음을 구하는 영원한 구도자?
김형국

다른 종교를 믿어도 구원받을 수 있나요?
C53 〈신학편지〉

기독교만 답이라니요

천주교와 기독교가 다른가요?

천주교 신자들도 같은 성경을 보고,
예수를 믿고, 하나님을 아버지라고 부릅니다.
조금 차이가 있다고 해도 덜 중요한 것들 아닌가요?
솔직히 교회는 이상한 교회도 많고 편차가 심한데
그보다는 성당이 훨씬 안정감도 있고 통일성도 있어 보입니다.
어떤 면에서는 교회들이 서로 더 달라 보이는데요.

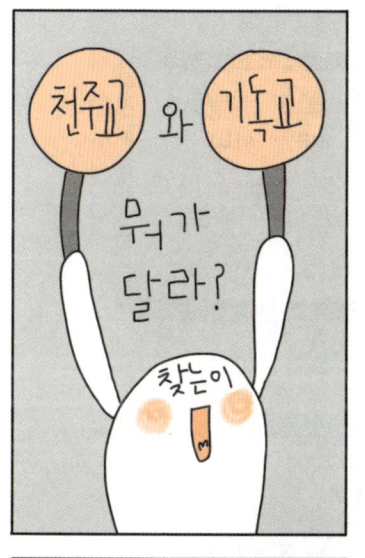

먼저,
기독교는 천주교와 개신교를 모두 포함합니다.
그러므로 천주교와 개신교의 차이를 묻는 게
맞겠지요.
두 종교는 같은 하나님을 믿지만
몇몇 지점에서는 뚜렷이 다릅니다.
그중 하나가 최종적 권위를 바라보는 관점입니다.
천주교는 그 권위가 교회와 전통에 있다고 보고,
개신교는 성경에 있다고 봅니다.
또한, 천주교는 구원에 믿음과 행위가 둘 다 필요하다고 보지만,
개신교는 오직 믿음으로만 구원받을 수 있다고 봅니다.

천주교와 개신교의 차이는 무엇입니까?

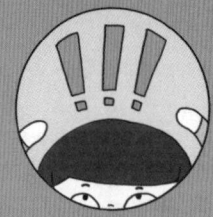

천주교와 기독교가 다른가요?

+ 더 깊이 알고 싶다면

천주교는 개신교와 무엇이 다른가?(정상운 외)
천주교와 개신교 세계관(장재훈)

+ 더 자세히 듣고 싶다면

솔직한 질문은 솔직한 답변을 가져온다
김형국

기독교가 다른 종교와 다른 점은?
CBS 〈잘잘법〉 김학철

기독교만 답이라니요

? 13 ?

한국 사람이
이스라엘 종교를 믿어야 하나요?

기독교가 지금은 세계 곳곳에 퍼져 있으나
처음에는 이스라엘 민족만 믿고 따르던 종교 아닌가요?
백번 양보해서 예수의 가르침이나 그다음 이야기는
이스라엘 백성만을 위한 메시지가 아니라서 그래도 읽을 만합니다.
그런데 굳이 구약성경까지 믿으면서 따라야 할까요?
사실 지금과 그때는 상황이나 모든 게 완전히 다르잖아요.
그 옛날 사람들이 믿던 신을 지금 우리가요?

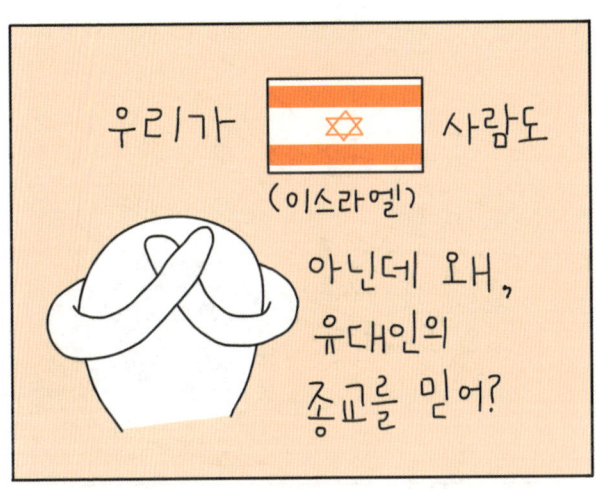

기독교가 이스라엘 민족에서 시작한 것은
맞습니다.
하지만 이스라엘 민족만의 종교로 볼 수는 없습니다.
기독교는 고대 사상 중에서도 아주 중요한 원류이고,
이스라엘 백성을 통해 전수되다가
예수 그리스도의 교회를 통해
인류 보편의 가치로 발전해 왔습니다.
기독교는 인류 문화에 지대한 영향을 끼친
아주 중요한 사상들의 뼈대가 된 종교입니다.
이 같은 관점에서 기독교를 충분히 탐구해 보는 것이
더 균형 있는 자세가 아닐까 합니다.

왜 한국 사람이 이스라엘의 종교를 믿어야 합니까?

한국 사람이 이스라엘 종교를 믿어야 하나요?

✛ 더 깊이 알고 싶다면

고대 근동과 이스라엘 종교(패트릭 D. 밀러)

✛ 더 자세히 듣고 싶다면

구약성경: 한 부족 신의 이야기 아닌가?
김형국

예수는 신일까? 인간일까?
Impact 360 Institute

그리스도인은 무례하고 피곤해요

❓ 14 ❓

왜 그리스도인들은
다른 종교를 무시하죠?

다른 종교에 비해 기독교를 믿는 사람들이
특히 우월감이 강한 것 같아요.
그러면서 다른 종교를 은근히 깔봅니다.
자신들이 가진 답이 아무리 정답이라고 해도
그렇게 해서는 역효과만 부릅니다.
그런 태도는 다시 생각해 봐야 하지 않을까요?

종교는 인간 문명의 꽃이라 할 만큼, 인간의 깊은 성찰이 담겨 있어서, 모든 종교는 어느 정도의 '**진리의 조각**'이 들어 있지.

그러니까, 기독교가 다른 종교를 함부로 말하는 건, 잘못된 거야.

하지만, 진실한 기독교인은 그렇게 경솔하지 않다는 걸 알아줘.

종교는 각 문화의 중심이며,
인간 문명의 꽃입니다.
인간 존재와 삶의 의미를 묻고,
고통 가득한 세상에서 살아가는 법을 깊이 성찰하며
기도와 명상 가운데 얻은 진리들이 축적된 영역이 종교입니다.
그러므로 모든 종교는 일정량의 진리를 포함하고 있습니다.
인간이 암중모색하며 찾아낸 아주 귀한 진리의 조각들이지요.
이러한 종교들을 그리스도인들이 무시하거나
무례하게 대하는 것은 잘못입니다.
조금 심하게 말하면, 그렇게 행동함으로써
자신의 무지함만 드러낼 뿐입니다.

왜 그리스도인들은 다른 종교를 폄하하고 무시합니까?

왜 그리스도인들은 다른 종교를 무시하죠?

✚ 더 깊이 알고 싶다면

진리의 기독교(노먼 가이슬러, 프랭크 튜렉) 13-14장
팀 켈러, 하나님을 말하다(팀 켈러) 35-58쪽
기독교는 타종교로부터 무엇을 배울 수 있는가?(제럴드 맥더모트)

✚ 더 자세히 듣고 싶다면

자기만 맞고 다 틀렸다며 강요한다
김형국

기독교는 왜 이리 편협하고 배타적인가?
팀 켈러

그리스도인은 무례하고 피곤해요

? 15 ?

교회 안 나가는 가족에게
기독교 신앙을 너무 강요해요

강요한다고 해서 신앙이 생기는 것은 아닐 텐데
아무리 가족이라도 너무 한 거 아닌가요?
가족 간의 불화를 무릅쓰고라도
자신의 신념을 굽히지 않는 모습에 질렸어요.
그렇게 해서는 믿을 사람도 안 믿지 싶어요.

그리스도인들이 하나님의 사랑을
가족에게 전하고 싶은 마음이 너무 크다 보니
설득도 하고 때로는 강요하기도 합니다.
그러면서 가족 간에 목소리가 높아지기도 합니다.
그리 지혜로운 방법은 아닙니다.
많은 종교가 강조하는 가장 중요한 자세는 상호 존중입니다.
정말로 사랑한다면 상대를 충분히 존중하며,
인생과 삶의 의미에 대해, 신과 진리에 대해,
서로 배우고 알아 가는 자세가 먼저 필요합니다.

종교가 다른 가족들과 불화하기 싫습니다

교회 안 나가는 가족에게 기독교 신앙을 너무 강요해요

+ 더 깊이 알고 싶다면

제사는 피하지만 가족 구원은 하고 싶어 (황규환)

+ 더 자세히 듣고 싶다면

다른 종교를 가진 가족과 친구들은 어떻게 하지요?
김형국

'천당' '지옥' 불교에서 배워 온 말이라고요?
CBS 〈잘잘법〉 김학철

그리스도인은 무례하고 피곤해요

❓ 16 ❓

겉 다르고 속 다른 그리스도인이
왜 이리 많죠?

예수의 가르침에 관심이 있어서 살펴보기도 하고
교회에 나가서 설교도 들었습니다.
거기까지는 좋았는데 막상 그리스도인들과 어울리면서
정말로 실망했습니다.
성경이나 설교는 그야말로 "빛 좋은 개살구"였어요.
한 귀로 듣고 한 귀로 흘리는지 그리스도인의 실제 모습은
교회 밖 사람들과 전혀 다르지 않았어요.

완벽할 수는 없을지도 몰라.

그러나, 진정으로 '하나님'을 믿는다면

어제보다 오늘 '위선'에서 한 발자국 멀어질 수는 있을 것 같아.

그렇게 천천히 변해가는 것으로 이해해주면 좋겠어.

인간은 본질적으로 위선자이므로
겉과 속이 조금씩 다를 수밖에 없습니다.
기독교 신앙은 겉과 속을 같게 만들어
투명한 사람이 되려고 애쓰는 것입니다.
교회에 속하자마자 즉시 이런 일이 일어나면 좋겠으나
사람은 그리 쉽게 변하지 않습니다.
꼭 거쳐야 할 과정이 있고, 초기 단계에서는
여전히 위선적이며 겉과 속이 다른 모습을 보입니다.
중요한 점은 점점 위선의 습성에서 벗어나고 있는지입니다.
비록 지금은 완성된 모습이 아니어도
그 방향으로 가려고 애쓰고 있는지를 지켜봐야 합니다.

왜 기독교인 가운데 위선자가 많습니까?

겉 다르고 속 다른 그리스도인이 왜 이리 많죠?

+ 더 깊이 알고 싶다면

위조된 각인(김형국) 46-69쪽

+ 더 자세히 듣고 싶다면

위선: 자신마저 속이고 꾸민다
김형국

교회는 위선자들투성이잖아!
이지일

기독교인들의 악행은 하나님이 없다는 증거인가?
팀 켈러

교회는 별나라

? 17 ?

기독교에는 무슨 교파가 그리도 많나요?

장로교, 감리교, 침례교, 성결교 등등
기독교에는 교파가 참 많습니다.
심지어 장로교 안에도 여러 교단이 있다고 들었습니다.
가뜩이나 이단도 많아서 헷갈리는데
좀 정리하면 안 되나요?
이렇게 세세하게 나눈 무슨 특별한 이유가 있나요?

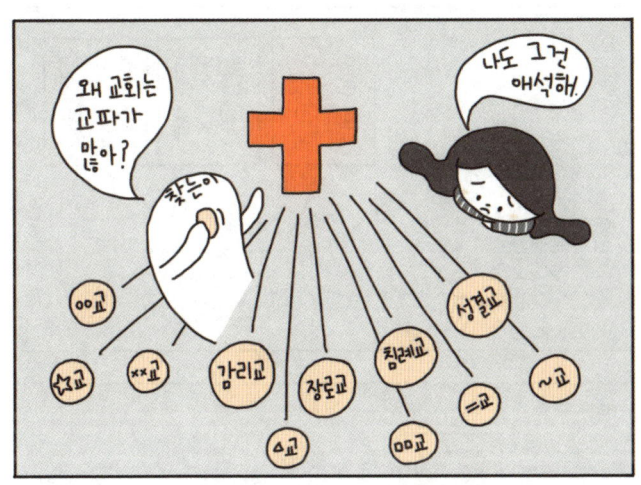

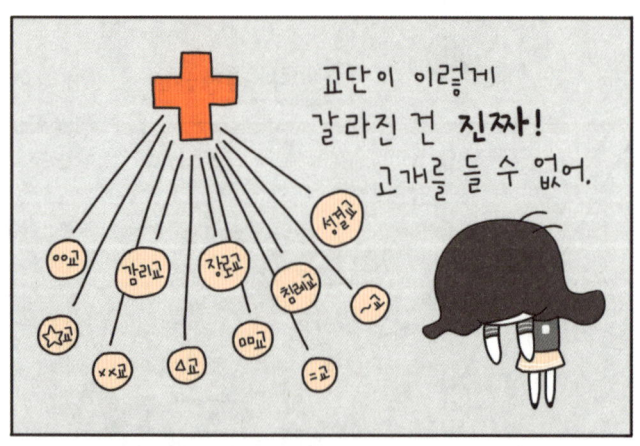

비본질적인 면에서 차이를 강조하면서
여러 교단이 역사 속에서 탄생했습니다.
서로의 한계를 돕는 순기능도 있었으며,
특히 성경을 바라보는 다양한 시각이 나오면서
신학적 발전을 크게 이룹니다.
물론 변명의 여지가 없는 분열도 있었습니다.
기독교의 본질을 훼손하는 행위였으며,
자기를 부인하고 상대를 존중하라는 성경의 가르침을
정면으로 거스르는 모습이었습니다.

교회는 왜 그렇게 교파가 많습니까?

기독교에는 무슨 교파가 그리도 많나요?

+ 더 깊이 알고 싶다면

콕 찝어 알려 주는 기독교(스티븐 아터번, 존 쇼어스) 246-250쪽
티타임에 나누는 기독교 변증(정성욱) 178-192쪽

+ 더 자세히 듣고 싶다면

한국 교회에는 왜 이렇게 교단이 많나요?
CBS 〈신학편치〉

교회는 별나라

? 18 ?

술하고 담배 끊은 다음에나 교회 갈게요

교회 다니는 사람 중에도
술 마시고 담배 피우는 사람이 있던데요.
그런데 교회에서는 둘 다 금하지 않나요?
저는 아직 둘 다 끊을 자신이 없어요.
괜히 죄책감 느끼면서 교회 다녀서 뭐 하겠어요.
교회는 둘 다 정리한 후에나 생각해 볼게요.

술과 담배는
기독교 신앙의 본질이라기보다는
신앙을 삶에 적용하는 단계에서 다뤄야
할 주제입니다.
그러므로 금주와 금연이 곧 그리스도인인지 아닌지를
가르는 표지라고는 할 수 없으며,
한국 교회가 만들어 낸 잘못된 표지라고 생각합니다.

먼저 술·담배를 끊고 교회에 나가겠습니다

술하고 담배 끊은 다음에나 교회 갈게요

+ 더 깊이 알고 싶다면

나, 이것만 아니면 교회 간다 1(김형국)
기독교 역사 속 술(성기문)

+ 더 자세히 듣고 싶다면

술
김형국

담배
김형국

예수님과 루터도 마신 술, 마시면 안 되나요?
CBS 〈신학편치〉

교회는 별나라

19

그리스도인은
제사도 못 지내요?

요즘은 1인 가구도 늘고 제사를 안 지내는 집도 많지만,
그렇다고 아예 사라진 것은 아닙니다.
특히 어르신들은 그날이라도 되어야
자식들이 모이니까 쉽게 포기를 못 하십니다.
그런데 여기에 기독교가 끼어들어서
감 놔라 배 놔라 하니까 괜히 긴장만 높아집니다.
제사 지내기 싫으니까, 모이기 싫으니까,
괜히 종교 핑계 댄다는 생각도 듭니다.
그리스도인은 아예 제사를 지내면 안 되나요?

종교적 행위인 제사는
기독교와 양립할 수 없습니다.
그러나 가족의 화합을 위해 함께 모여
서로 돌아보고
선조를 생각하는 시간이라면
얼마든지 기독교와 함께 갈 수 있습니다.
"그리스도인은 절대로 제사 지내면 안 돼"라고
확정적으로 말하기보다는,
어떤 형식으로 제사 지내는지 살펴본 다음에
어떻게 하면 함께 갈 수 있을지를 고민해 보면 좋겠습니다.

그리스도인이 되면 제사를 드리지 말아야 하나요?

그리스도인은 제사도 못 지내요?

+ 더 깊이 알고 싶다면

특종! 믿음 사건(리 스트로벨) 189-216쪽
위조된 각인(김형국) 128-157쪽
제사는 피하지만 가족 구원은 하고 싶어(황규환)

+ 더 자세히 듣고 싶다면

제사 거부: 조상을 무시하고 가족을 등진다
김형국

유교적 제사에 대한 크리스천의 이해
CGNTV 〈나침반〉 배요한

교회는 별나라

교회는 왜 그렇게
헌금, 헌금 합니까?

교회 가면 봉투가 참 많습니다.
저도 처음에는 이상했는데, 지금은 그러려니 합니다.
그게 무서운 것 같아요. 익숙해지는 거.
무슨 무슨 명목으로 계속 새로운 헌금을 만들어 내는데
참 창의적이라는 생각까지 듭니다.
제가 언제까지 다양해지는 헌금들을
참고 지켜볼 수 있을까요?

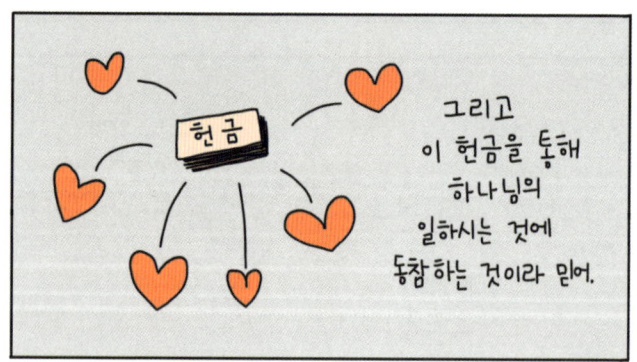

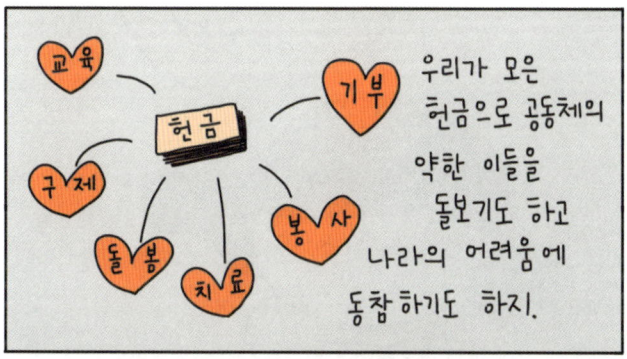

일부 교회가 자본주의의 영향을 받아서
지나치게 헌금을 강요하거나
성경에 없는 여러 헌금을 만들어 내기도 합니다.
그것은 옳지 않습니다.
그 대신 교회는 물질의 주인이 하나님이시라는 것,
정당하게 돈을 벌어야 하는 이유 등을 가르쳐야 합니다.
성경이 가르치는 헌금의 정신을
자본주의 사회에서 잘 지켜 나가는 것이
오늘날 현대 교회의 사명입니다.

교회에는 왜 그렇게 헌금이 많습니까?

교회는 왜 그렇게 헌금, 헌금 합니까?

+ 더 깊이 알고 싶다면

콕 찝어 알려 주는 기독교(스티븐 아터번, 존 쇼어스) 273-277쪽
대답할 것을 항상 준비하되(행크 해네그래프) 440-443쪽
위조된 각인(김형국) 280-309쪽
헌금(존 스토트)

+ 더 자세히 듣고 싶다면

헌금: 결국은 돈 내라고 한다
김형국

영이신 하나님께서는 돈이 필요한 분이 아닙니다
CBS 〈잘잘법〉 김학철

안녕! 반가웠어요

어린 시절에 저는 아픈 몸 때문에 생긴
여러 어려움으로 힘들고 어두웠습니다.
죽고 싶은 나를 버티게 하는 힘은 가족이었지만,
살아갈 기쁨까지 주지는 못했습니다.

근심 가득한 중학교 1학년 때, 이런 생각을 했습니다.
'하느님이 정말 계신다면,
내 삶이 이해되지 않을까?'

그 질문을 품고 지금까지 신앙생활을 해 왔습니다.
오면서 넘어진 적도, 주저앉은 적도 많았습니다.

하지만 이제는 분명히 압니다.
'하나님이 계시기에 나는 내 삶을 이해한다.'

김형국 목사님의 스물한 가지 질문과 대답을
독자들에게 더 쉽게, 또 더 가까이 다가갈 수 있게
그림으로 표현하기가 간단하지는 않았습니다.

바라기는 이 책을 통해
나와 같은 사람뿐 아니라
여러 찾는이들이
하나님을 직접 만나서,
자기 삶을 이해하고
사랑하면 좋겠습니다.

워주영

교회에서 사라진 질문을 찾아요

초판 1쇄 인쇄 2022년 4월 19일
초판 1쇄 발행 2022년 4월 22일

글	김형국
그림	원주영
편집	박동욱
디자인	즐거운생활
제작	성광인쇄

펴낸이 김형국
펴낸곳 이미아직
서울특별시 동대문구 약령시로 8 교우빌딩 3층 (우편번호 02574)
출판등록 2022년 1월 24일 제2022-000007호
전화 02)924-0240 **팩스** 02)924-0243
전자우편 book@imiajik.co.kr
도서주문 02)338-2282 **팩스** 080-915-1515

ⓒ 김형국·원주영, 2022
이 책의 전부 또는 일부를 사용하려면 반드시 저작권자와 이미아직의 서면 동의를 받아야 합니다. 책값은 뒤표지에 있습니다. 잘못된 책은 구입하신 곳에서 바꾸어 드립니다.

ISBN 979-11-978361-0-7 03230